Björn Tischler · Ruth Moroder-Tischler

einfach tanzen ...

Tanzideen für die pädagogische und sonderpädagogische Praxis

Dr. Björn Tischler, Dr. Ruth Moroder-Tischler
Eichkoppelweg 66, 2300 Kronshagen, Tel. 0431 / 54 21 49

2. verbesserte Auflage 1991

Gesamtherstellung: Druckerei Dietrich Johanns, Kiel

Rolf Dieter Balsies Verlag, Westring 272, 2300 Kiel 1, Telefon 0431 / 159 72

ISBN 3-925594-09-4

◇◇

Vorwort

Das Urbedürfnis zu tanzen ist in jedem Menschen vorhanden, beim Kind wie beim Senioren, beim Behinderten wie beim Nichtbehinderten.

Tanzen kann so einfach sein . . .

Dennoch trauen sich viele Menschen nicht zu, zu tanzen oder lehnen es gar ab, vielleicht aus einschlägigen negativen Erfahrungen heraus? In einer Lernumwelt nämlich, die Perfektion und Lerntechniken vor das Erleben setzt, wird das Tanzen reduziert auf eine möglichst originalgetreue und perfekte Reproduktion von Schrittfolgen.

Ziel der hier beispielhaft aufgeführten Tänze ist es, Menschen jeden Alters, mit und ohne Behinderungen, (wieder) Freude (und Mut) zum Tanzen zu vermitteln. Dies kann geschehen, indem die Aufmerksamkeit nicht auf Tanztechniken gelenkt wird, sondern auf das unmittelbare Erleben der Bewegung.

Deshalb wird auf darstellende Tänze, eingebettet in kleine Geschichten, ein besonderer Schwerpunkt gelegt. Formales Üben tritt zurück zugunsten einfacher inhaltsbezogener Bewegungen. Dabei lassen sich mit Hilfe von Requisiten und Materialien wie Tücher, Bänder, Hüte usw. Hemmungen leichter überwinden und Spontaneität fördern.

Ein zentrales Moment ist das Gruppenerlebnis. Uns ist es wichtig, daß jedes Gruppenmitglied aktiv miteinbezogen werden kann, zum Beispiel in Form einer einfachen instrumental-rhythmischen Begleitung oder durch Einzelrollen, die an individuelle Bedürfnisse angepaßt werden können.

Die Tanzbeschreibungen sind als veränderbare Anregungen zu verstehen, auch dort, wo detailliertere Ausführungen (Zählzeiten, Tanzschritte) den gegenteiligen Eindruck erwecken könnten. In den genannten Fällen scheinen uns diese Hinweise jedoch hilfreich.

Zahlreiche Tanzideen können auch mit anderer als der vorgegebenen Musik durchgeführt werden. Entscheidend ist, daß der Tanz lebt.

◇◇

Inhaltsverzeichnis

◇◇

Tänze für verschiedene Altersgruppen:
Vor- und Grundschulalter: nahezu alle Tänze
Ältere Kinder und Jugendliche: 1, 7, 8, 9, 10, 12, 13, 15, 17, 18, 19, 20, 21, 22, 23, 24, 25, 26, 28, 29, 30
Erwachsene: 1, 8, 9, 13, 15, 17, 18, 19, 20, 21, 22, 23, 24, 25, 27, 28, 29, 30
Senioren: 1, 9, 16, 17, 21, 29, 30

Darstellende Tänze mit Geschichten: Waschmaschine 3; Ponypferdchen 4; Hasen 5; Schafe 6; Baumwollpflücken 10; Fische 11; Musikanten 12; Palmen 13; Fuchs und Trauben 14; Reisen in ferne Länder 15; Mühle 16; Natur/Elfen 17; Traubenernte 18; Vampire 19; Gespenster 26; Hochzeitsvorbereitung 27

Tänze mit verschiedenen Materialien: Bänder 2, 9; Chiffontücher 2, 26, 29, 30; Korb 10; Seile 4; Glasbehälter mit Kerzen/Teeleuchten 29, 30

Tänze mit Instrumentalbegleitung, -untermalung: (möglich für) alle Tänze

Tänze mit Bewegungsimprovisation: 3, 5, 6, 7, 9, 10, 11, 15, 19, 26, 29

Pop-Tänze: 8, 19, 21, 22, 23, 24

Tänze zu klassischer Musik: 29

Singtänze: 4, 15, 18, 20

Sitztänze: 7, 16

Meditationstänze: 29, 30

Tänze zu Folklore-Musik: Argentinien 12, 28; Brasilien 9, 10; Irland 17; Israel 13, 14, 30; Jugoslawien 6; Neuseeland 20; Peru 11; Polen 16; Rumänien 27; Rußland 2, 25; Türkei 18; USA 15

Die erforderlichen Schallplatten/Kassetten können direkt beim Verlag bestellt werden

◇◇

Erläuterungen zu den Tanzbeschreibungen

Handkreis	auf der Kreisbahn mit Blick zur Mitte stehen, die Hände sind gefaßt
Kreuzhandfassung	paarweise nebeneinanderstehen, die linken Hände fassen, die rechten darüber
in Tanzrichtung	gegen Uhrzeigersinn auf der Kreisbahn
gegen Tanzrichtung	in Uhrzeigersinn auf der Kreisbahn
Anstellschritt (Nachstellschritt)	ein Schritt und an- bzw. nachstellen des anderen Fußes mit Gewichtsübertragung
Handtour	rechts / links: paarweise rechte / linke Hände in Schulterhöhe gefaßt und rechts / links herum mit Gehschritten drehen
Schleifschritt	Füße über den Boden schleifen (wischen)
Schlußsprung	Spreizsprung: Sprung mit einem Bein vor und gleichzeitig mit dem anderen zurück
Seitgalopp	Schritt seitwärts und mit beiden Füßen nachstellen
Wechselschritt	jeweils 3 Schritte auf 4 Zählzeiten 1: Schritt mit linkem Fuß vor; 2: rechten Fuß anstellen; 3/4: rechten Fuß vor; 1-4: dann gegengleich mit linkem Fuß beginnend
Wiegeschritt	ein Schritt und Heranführen des Spielbeins ohne Gewichtsübertragung, z.B. zuerst nach rechts, dann nach links (hin- und herpendeln)

1 Begrüßungstanz

◇◇

Musik: „Break Mixer" (EP Fidulafon 1197), FC 83

Material: ggf. verschiedene Rhythmusinstrumente

Aufstellung: einzeln frei im Raum

Tanzgestaltung:

Vorspiel 8 Zählzeiten

Teil A einzeln im Raum gehen (13 Schritte); in der Pause (3 Zählzeiten) den nächststehenden Tänzer begrüßen, z. B. „Hallo", „Guten Tag", „Moin", „Grüß Gott", „Guten Abend" . . .

Teil B mit dem Partner eingehakt 16 Schritte rechts herum gehen, sich winkend verabschieden „Tschüß", „Auf Wiedersehen" . . .

Teil A wieder einzeln gehen usw. . . .

Varianten

Teil A

- mit Handfassung 13 Schritte in Tanzrichtung gehen, sich mit Blick zur Kreismitte begrüßen (siehe oben)
- mit tragbarem Rhythmusinstrument gehen, einzeln oder zu mehreren die Pause klanglich füllen

Teil B

- mit Partner Hände aneinanderklatschen, z. B. 4 x rechts, 4 x links, 8 x beide Hände
- einzeln eine vereinbarte Klanggestenfolge: z. B. 4 x klatschen, 4 x schnipsen, 4 x klatschen, 4 x stampfen
- paarweise spielt zuerst der eine, dann der andere ein bestimmtes rhythmisches Motiv (jeweils 8 Zähleinheiten), z. B. „Heu–te ma–chen wir Mu–sik"

◇◇

Sascha

◇◇

Musik: „Sascha" (EP Fidulafon 1193), FC 83

Material: farbige Kreppbänder oder Chiffontücher in Teilnehmerzahl; einige Rhythmus-, Geräuschinstrumente

Aufstellung: einzeln auf Kreisbahn mit Kreppband / Chiffontuch in einer Hand; einige Teilnehmer stehen in einer Raumecke mit den Instrumenten

Tanzgestaltung (Helle Pedersen)

Vorspiel 16 Zählzeiten: am Platz stampfen

A (Strophe) kreisförmiges Schwingen der Bänder / Tücher mit weit ausholenden Armbewegungen am Platz

B (Refrain) spiralenartiges Drehen der Bänder / Tücher vor dem eigenen Körper, zuerst in die eine, dann in die andere Richtung

C (Nachspiel) Seitgalopp in Tanzrichtung; dabei werden die Bänder / Tücher wieder geschwungen;
die Instrumentalisten begleiten nur bei diesem Teil die Musik mit freien, lauten Rhythmen / Klängen / Geräuschen

D siehe Vorspiel

Instrumentalbegleitung

nur Teil C in freier Form mit Rhythmus- / Geräuschinstrumenten

◇◇

3 Waschmaschinentanz

Heute ist großer Waschtag. Wir schauen einmal, welche Wäsche wir überhaupt haben. Ich bin (zum Beispiel) eine gelbe Socke.
Und was bist Du? . . .

Die Wäsche kommt nun in die . . . (?) . . . Waschtrommel und wird dort durcheinandergewirbelt. Die Waschtrommel läuft mal in die eine, mal in die andere Richtung. Sobald der Waschgang zu Ende ist, wird die Wäsche kräftig durchgespült und mit noch ungewaschenen Wäschestücken ausgetauscht. Es kann aber auch vorkommen, daß noch ein Fleck übrigbleibt . . . Kein Problem: dann kommt diese Wäsche noch einmal in die Waschtrommel.

Waschmaschinentanz

Musik zweiteilige Musik im Lauftempo,
z. B. „Maruschka" (EP Fidulafon 1191), FC 83,
oder „Querfeldein" (EP Fidulafon 1194)

Material ggf. eine Handtrommel

Aufstellung Handkreis (= Wäschetrommel)
einige Teilnehmer im Kreisinneren (= Wäschestücke)

Tanzgestaltung (nach Helle Pedersen)

Vorspiel 8 Zählzeiten

Teil A Tänzer auf der Kreisbahn laufen in Tanzrichtung;
immer wenn der/die Gruppenleiter/in oder bestimmter Teilnehmer „hoppa" ruft, wird die Richtung gewechselt.

Die Tänzer im Kreisinneren bewegen sich / tanzen frei.

Teil B Die „Wäsche" wird ausgetauscht, d. h. andere Tänzer gehen in das Kreisinnere. Währenddessen wird die „Wäsche kräftig durchgespült": alle klatschen am Platz

Instrumentalbegleitung

Der Instrumentalist übernimmt das „hoppa"-Rufen und begleitet dieses jeweils mit einem Trommelschlag

4 Ponypferdchen

*Die Ponypferdchen freuen sich heute ganz besonders,
denn es soll hinaus ins Freie gehen
. . . und schon traben die Pferde glücklich durch den
Wald und übers Feld. Fröhlich singen die Reiter:
„Weit übers Land wird mein Pferdchen heute traben
und es soll zum Lohne ein Zuckerstückchen haben."
Nun wird eine kurze Rast eingelegt und jedes Pferd
bekommt etwas zu fressen, zuerst die einen, dann aber
auch die anderen.
Schließlich geht es wieder weiter . . .*

Ponypferdchen

Musik „Ponypferdchen" (EP Fidulafon 1191), FC 83

Material Klanghölzer und Rasseln / Schellen in Teilnehmerzahl; mehrere aneinandergeknüpfte Seile

Aufstellung einzeln im Kreis um zusammengeknotete Seile herum, die am Boden liegen. Vor jedem liegt im Kreisinneren ein Paar Klanghölzer oder eine Rassel / Schelle

Tanzgestaltung

Vorspiel 8 Zählzeiten

A (Strophe) mit der linken Hand wird gemeinsam das zusammengeknotete Seil gegriffen und aufgehoben

B (Refrain) laufen in Tanzrichtung, dabei wird das Seil gehalten und mitgesungen: „Weit übers Land wird mein Pferdchen heute traben und es soll zum Lohne ein Zuckerstückchen haben . . ."

C (Instr'teil) das Seil wird abgelegt; jeder nimmt das vor sich liegende Instrument

D (Instr'teil) zuerst spielen die Klanghölzer, dann kommen die Rasseln / Schellen dazu

A (Strophe) die Instrumente werden auf den Boden vor sich in das Kreisinnere wieder abgelegt; das Seil wird wieder aufgehoben (siehe oben A) usw.

5 Hasensprung

Es ist ein warmer, sonniger Tag. Der Kohl auf dem Feld ist schon reif.
Da kommen die Hasen mit ihren großen Familien und all den Hasenkindern dahergehoppelt. Mit gutem Appetit hüpfen sie freudig im Kornfeld umher, aber immer wieder werden sie vom Bauern verjagt. Erschreckt laufen die Hasen auseinander, aber nicht lange . . . denn schon gleich geht das Hoppeln und Knabbern wieder los . . .

Hasensprung 5

Musik „Hasensprung" (Fidulafon 1196), FC 83

Material Handtrommel

Aufstellung ein Teilnehmer (= Bauer) in der Raummitte mit Handtrommel; die anderen frei verteilt im Raum

Tanzgestaltung

Vorspiel 8 Zählzeiten

Teil A bis auf den „Bauern" laufen alle frei durch den Raum als „Hasen", wobei die Hasenohren pantomimisch mit an den Ohren angelegten und ausgestreckten Fingern dargestellt werden

Teil B mit Schlußsprüngen zur Raummitte auf den Bauern zuhüpfen, der am Ende des Teils B synchron zur Musik dreimal auf die Trommel schlägt, d. h. „die Hasen verjagt", bis auf den ihm am nahesten stehenden, der dann die Bauernrolle übernimmt usw.

6 Das Feld ist weiß von Schafen

Zufrieden weiden die Schafe auf dem Wiesenfeld und zupfen immer wieder genüßlich ein Gräslein ab. Hmh, wie das schmeckt! Schließlich fangen die Schafe an, munter miteinander zu spielen. Allein, zu zweit, zu dritt hüpfen sie umher, stupsen sich ein wenig . . . so lange, bis der Hirte sie ruft. Sogleich kommen alle Schafe wieder zusammen und gehen immer ein Stück weiter, um die besten Gräser zu finden . . .
Am Abend führt der Hirte die Schafe in den Stall. Zufrieden, aber müde blöken die Schafe.
„Mäh, mäh . . ." tönt es von allen Seiten. Dann sucht sich jedes Schaf einen gemütlichen Platz im Stall und schläft mit einem letzten „mäh" ein.

Das Feld ist weiß von Schafen 6

◇◇

Musik „Pobelelo Pole / Nemo Kolo" (EP Fidulafon 1261), FC 83

Material hängendes Becken; ggf. einige Rhythmusinstrumente

Aufstellung Handkreis

Tanzgestaltung (in Anlehnung an trad. Jugoslawien / H. Weidlich)

Vorspiel 8 Zählzeiten (langsam)

Teil A (Melodie) 2 Gehschritte, mit links beginnend, gegen Tanzrichtung; Wiegeschritt: Gewicht auf linken und dann wieder zurück auf den rechten Fuß verlagern (= die Schafe grasen und ziehen dabei weiter)

Teil B (Rhythmus) freies Umherlaufen im Raum, dabei mit anderen Tänzern (= Schafe) „bocken" (Hörner pantomimisch mit ausgestreckten Zeigefingern dargestellt), bis der Gruppenleiter (= Schafhirt) alle wieder mit Hilfe eines Beckenklangs in den Kreis ruft

Rhythmisches Nachspiel
der Gruppenleiter öffnet den Kreis, führt die so entstandene Schlange in Laufschritten in eine immer enger werdende Schnecke (Der Schafhirte führt die Schafe in den Stall)

Instrumentalbegleitung – rhythmische Begleitung von Teil B:
z. B. B 1: Trommel / Schellen
B 2: Klanghölzer
B 3: Klanghölzer / Trommel
Nachspiel: Schellen

◇◇

7 Ku-tschi-tschi

◇◇

Musik „Ku-tschi-tschi" (EP Fidulafon 1196), FC 83

Material ggf. Trommel

Aufstellung Handkreis

Tanzgestaltung (in Anlehnung an Ulrike Franck)

Vorspiel 6 Zählzeiten

Teil A in Tanzrichtung hüpfen

Teil B mit 4 kleinen Schritten um die eigene Achse drehen

Teil C der Kreismitte zugewandt wird zweimal gerufen: „Ku ku ku–tschi–tschi" und dazu ein Bewegungsmotiv oder eine Klanggeste (Klatschen, Patschen . . .) ausgeführt. Beim ersten Durchgang macht der Gruppenleiter ein Bewegungsmotiv vor, das von den anderen imitiert wird; danach wird ein anderes Gruppenmitglied aufgerufen, das beim folgenden Durchgang sich ein eigenes Motiv ausdenkt usw.

Variante als Sitztanz

Teil A festgelegte Reihenfolge von Klanggesten, z. B. „Patsch (auf Oberschenkel)–Klatsch–Patsch" usw.

Teil B Handinnenflächen aneinanderreiben

Teil C wie oben, jedoch im Sitzen

Instrumentalbegleitung

das Motiv „Ku – Ku – Ku–tschi–tschi" in Teil C wird mit der Trommel begleitet

◇◇

Disco-Tanz

Musik: beliebige (geradtaktige) Pop-/Disco-Musik, MC 90.004

Material: ggf. Rhythmusinstrumente, z. B. Trommel, Schellenrassel, Guiro

Aufstellung: beliebig, z. B. in Reihen nebeneinander, in Reihen gegenüber, in Reihen hintereinander, versetzt

Tanzgestaltung (nach Amrhein u. a.: Hessisches Institut für Lehrerfortbildung, Handreichungen Musik, Heft 36)

Zählzeit		
1	links:	li Fuß seitlich nach links
2	kick:	re Fuß kickt schräg über li Fuß in die Luft
3	rechts:	re Fuß seitlich nach rechts
4	kick:	li Fuß kickt schräg über re Fuß in die Luft
5	links:	li Fuß seitlich nach links
6	kick:	re Fuß kickt schräg über li Fuß in die Luft
7	rechts:	re Fuß seitlich nach re, in halbe Drehbewegung übergehen
8	rum:	Drehbewegung zu Ende führen, li Fuß seitlich nach links führen
9	hinter:	re Fuß kreuzt hinter dem li Fuß

Erweiterung

- klatschen auf Akzenten, z. B. „kick" (2, 4, 6)
- Einsatz im Kanon, z. B. nach der 6. Zählzeit
- in 2 Gruppen: eine Gruppe klatscht auf „8" beim Drehen, die andere Gruppe auf „9" beim Hinterkreuzen

Instrumentalbegleitung

ein Teilnehmer spielt z. B. auf einer Trommel einen Akzent jeweils auf den Beginn des 4er Taktes: 1 (2, 3, 4), 1 (2, 3, 4) . . .; der Akzent auf 8 kann von einer Schellenrassel, der Akzent auf 9 auf einer Guiro begleitet werden

9 Bändertanz

Musik „Paù-de-Fita" (EP Fidulafon 1262), FC 83

Material ca. 20 cm lange Stäbe mit ca. 50 cm langen Bändern;
für Tänzer z. B. grüne, für Tänzerinnen gelbe Bänder
ggf. Schellenring

Aufstellung Tänzer stehen auf der Kreislinie, abwechselnd mit grünen und gelben Bändern; die Holzstäbe mit den Bändern werden in der rechten Hand gehalten; mit der linken Hand wird das äußere Ende der Holzstäbe des jeweiligen Nachbarn gehalten. Zwei Tänzer bilden jeweils ein Paar (grün–gelb).

Tanzgestaltung (in Anlehnung an Doris Meier)

Vorspiel kurzes rhythmisches Vorspiel

Teil A in Tanzrichtung, mit rechts beginnend, Wechselschritte auf der Kreisbahn (rechts – links–rechts – links – rechts–links usw.); Vereinfachung: Gehschritte

Teil B 1 die Bänder werden am Platz von hinten nach vorn kreisförmig geschwungen; dabei knicken die Knie leicht ein; zuerst die Tänzer mit den grünen, dann die Tänzer mit den gelben Bändern

Teil A siehe oben

Teil B 2 mit links Partner einhaken und einen kleinen Kreis am Platz gehen, dabei Bänder kreisförmig schwingen

Teil A siehe oben

Teil B 3 Tänzer mit grünem Band gehen um Tänzer mit gelbem Band, dabei werden die Bänder kreisförmig geschwungen; dann Rollentausch

Fortsetzung nebenstehend

Teil A siehe oben

Teil B 4 wie B 1, jedoch alle gleichzeitig

Teil A Wiegeschritte am Platz, zuerst nach rechts, dann nach links, dabei mit dem ganzen Körper und den Bändern schwingen

Variante

Teil A siehe oben

Teil B jeweils ein Tänzer macht mit seinen Bändern am Platz eine gleichbleibende Bewegungsfolge vor, die von den anderen simultan mitvollzogen wird; am Ende wird ein neuer Tänzer für diese Rolle aufgerufen

Instrumentalbegleitung

Teil B: Schellenring

10 Beim Baumwollpflücken

Die Dorfbewohner bereiten sich auf die Baumwollernte vor. Maria und die anderen Leute gehen, den großen Erntekorb auf dem Kopf tragend und mit beiden Händen festhaltend auf das Feld, um die Baumwolle zu pflücken.

Endlich sind sie am Ziel. Die Körbe werden abgelegt. Maria beginnt mit gleichbleibenden rhythmischen Bewegungen zu arbeiten. Weil dies so gut geht, machen die anderen es genauso. Dann gehen alle weiter zum nächsten Ernteplatz. Diesmal zeigt Mario, wie die Arbeitsbewegungen gemacht werden . . .

Schnell ist der Tag vergangen. Die Körbe sind voll. Müde von der Arbeit, aber glücklich über die gute Ernte, gehen alle zurück ins Dorf.

Beim Baumwollpflücken

Musik „Balaio" (EP Fidulafon 1264), FC 83

Material 1 Korb; ggf. Trommel / einige Rhythmusinstrumente

Aufstellung einzeln auf Kreisbahn; ein Tänzer im Kreisinneren vor einem Korb stehend (Korbträger)

Tanzgestaltung

	Zählzeiten	
Vorspiel	16	der Korbträger im Kreisinneren setzt den Korb auf seinen Kopf; die anderen vollziehen die entsprechenden Bewegungen und die Körperhaltung simultan mit (Hände über den Kopf halten)
A	16	pantomimisch den Korb tragend in Tanzrichtung gehen; der Korbträger im Kreisinneren geht gegen Tanzrichtung, bleibt am Ende des A-Teils vor einem der Mittänzer stehen und stellt vor diesem den Korb ab
B	16	und macht gleichbleibende rhythmische Bewegungen (Arbeit beim Baumwollpflücken), die von den anderen simultan mitvollzogen werden
A'	16	der Tänzer, vor dem der Korb abgestellt wurde, übernimmt die neue Rolle des Korbträgers im Kreisinneren usw. (siehe oben)

Instrumentalbegleitung

Teil A: Trommel

Teil B: jeweils ein bestimmtes Rhythmusinstrument,
z. B. Guiro, Schellen, Kuhglocke, Rassel . . .

11 Fischtanz

Nicht weit weg von hier ist ein Teich (ein Fluß / das Meer). Dort schwimmen viele viele Fische. Der Fischkönig / die Fischkönigin sagt zu den Fischen, wobei sich das Fischmaul ständig öffnet und schließt: „Ich glaube, heute gibt es etwas Besonderes auf der Erde zu sehen. Laßt uns einmal schauen." Und sogleich schnellen alle Fische nach oben und hüpfen aus dem Wasser heraus. „Oh, dort sind ja viele Menschen (Kinder)! Was machen die nur? Wir schauen noch einmal." . . . „Habt ihr gesehen, wie sie alle im Kreis stehen und sich an den Händen halten?" Und wieder schnellen die Fische nach oben. „Schaut doch nur, wie sie tanzen!" Als die Fische dies sehen, schwimmen sie ganz aufgeregt durcheinander umher, so daß das Wasser nur so klatscht. Dann ruft der Fischkönig / die Fischkönigin alle Fische in den Kreis zurück, um gemeinsam den Fischtanz zu tanzen. Dabei wackeln alle Fische lebhaft mit ihren Flossen.

Fischtanz

◇◇

Musik „Carnaval de Arequipa" (EP Fidulafon 1264), FC 83

Material hängendes Becken

Aufstellung Handkreis

Tanzgestaltung (nach Helle Pedersen)

Teil	Zählzeiten	
Vorsp.	4	
A	4	stummes Öffnen und Schließen des Mundes, dabei abwechselnd rechten und linken Nachbarn anschauen („Fische unterhalten sich")
	4	Schlußsprung („Fische schwimmen pfeilschnell an die Wasseroberfläche")
	3 x 8	Wiederholung
B	32	freies Umherlaufen / -hüpfen, dabei Klatschen („Fische schwimmen umher, daß das Wasser spritzt"); am Ende des Teils B werden die Teilnehmer („Fische") mit einem Beckenschlag in den Kreis zurückgerufen
C	16	mit gefaßten Händen in Tanzrichtung gehen, dabei mit der Hüfte hin- und herwackeln („Fischflosse");
	16	wie oben, gegen Tanzrichtung

◇◇

12 Musikantentanz

Ein großes Dorffest findet statt.
Viele Musikanten werden erwartet.
Sie spielen ganz verschiedene Instrumente.
Endlich kommen sie . . .

Musikantentanz

Musik „Malambo" (EP Fidulafon 1264), FC 83

Material ggf. Klanghölzer

Aufstellung einzeln auf Kreisbahn; Blick zur Kreismitte

Tanzgestaltung

die jeweils zu hörenden Instrumente werden pantomimisch mitgespielt; dabei können vom Gruppenleiter vorgegebene Raumformen (in / gegen Tanzrichtung; zur Kreismitte und zurück; als Schlange durch den Raum; am Platz drehen u. a.) gegangen werden

Reihenfolge der Instrumente:

(1) Gitarre
(2) Geige
(3) Gitarre
(4) Flöte
(5) Klatschen
(6) Xylophon
(7) Gitarre
(8) Geige
(9) Flöte
(10) Holz-Schlaginstrumente
(11) Gitarre

Instrumentalbegleitung

(5) Klatschen; (6) / (10) Klanghölzer

13 Palmentanz

Weit ist das Land der Palmen. Wohin man schaut und geht, überall wiegen die Palmen im leichten Wind hin und her. Einige Palmen sind ganz klein. Auch sie wachsen zu großen Palmen heran und schaukeln im Wind.

Palmentanz 13

Musik „Tzadik Katamar" (EP Fidulafon 1281), FC 25

Material ggf. Krepp-Papierbänder (grün, braun)

Aufstellung Handkreis oder einzeln auf Kreisbahn

Tanzgestaltung (in Anlehnung an trad. Israel / Ruth Beier)

Vorspiel 16 Zählzeiten

Teil A 4 Gehschritte, mit rechts beginnend, in Tanzrichtung;
zwei Wiegeschritte am Platz (Gewicht wechselnd rechts–links), dabei Arme hochhalten und hin- und herschwingen (= Palmen im Wind);
Wiederholung von Teil A

Teil B 4 Schritte mit Handfassung zur Kreismitte und zurück; Handfassung lösen und aus der Hocke heraus mit vier kleinen Schritten einmal um die eigene Achse drehen und dabei wieder aufrichten (= Wachsen der Palme); zwei Wiegeschritte am Platz wie in Teil A; Teil B wird wiederholt

Darstellende Begleitung

ein oder mehrere Teilnehmer stellen in der Kreismitte mit Hilfe von Krepp-Papierbändern Bäume dar, deren Zweige (Arme) sich leicht im „Winde" wiegen

14 Hashual

*Es war einmal ein . . . (?) . . . Fuchs. Ja, genau!
Es war ein ganz besonderer Fuchs. Normalerweise
fressen Füchse ja . . . (?) . . . Hühner, Gänse,
Mäuse . . ., aber dieser
Fuchs fraß am liebsten . . . (?) . . . Weintrauben.*

*Unser Fuchs heißt Hashual. Den ganzen Tag schleicht
er mit seinen Freunden um die Weingärten . . . Da
entdecken die Füchse köstliche Trauben. Sie
schleichen in den Weingarten hinein, holen sich die
schönsten Trauben und fressen sie genüßlich . . . Aber
in der Mitte des Weingartens steht plötzlich der Bauer.
Mit einem lauten Trommelschlag jagt er alle Füchse
davon. Diese verstecken sich sofort in einer sicheren
Ecke. Die Trauben sind jedoch so gut, daß die Füchse
es gleich wieder probieren . . .
Nachdem sie ein zweites Mal verjagt werden, sind
sie nun doch ein wenig ängstlich geworden und
halten sich auf der neuen Suche nach Trauben an den
Pfoten . . .*

Hashual

◇◇

Musik „Hashual” (EP Fidulafon 1284), FC 25

Material Trommel (Becken / Pauke); ggf. Krepp-Papierbänder

Aufstellung einzeln auf der Kreisbahn, leicht gebückt mit suchenden Kopfbewegungen, dabei eine Hand über die Augen halten, die andere hinter dem Rücken (=Fuchs „Hashual”, der nach seiner Lieblingsspeise, den Weintrauben sucht)

ein Teilnehmer befindet sich in der Kreismitte mit einer Trommel (ggf. auch Becken oder Pauke) (= Weinbauer)

Tanzgestaltung (in Anlehnung an trad. Israel)

Vorspiel 16 Zählzeiten: siehe Aufstellung

Teil A in beschriebener Haltung in Tanzrichtung gehen; Wiederholung gegen Tanzrichtung; (beim 2. und 4. Durchgang mit Handfassung: = die Füchse halten sich aus Angst vor dem Bauern an den Pfoten.)

Teil B auf Kreismitte zubewegen, dabei gestisch darstellen, wie der „Fuchs” Trauben pflückt und frißt. Der „Weinbauer” schlägt einmal kräftig auf die Trommel und verscheucht alle „Füchse”, die schnell weglaufen und sich verstecken;
Wiederholung von Teil B (ggf. einige Teilnehmer als „Weinreben” mit Krepp-Papierbändern im Kreisinneren)

Variante für Ältere

Teil A in, dann gegen Tanzrichtung gehen

Teil B mit 4 angedeuteten Wechselschritten, abwechselnd rechts und links schnipsend zur Kreismitte gehen, einmal laut Klatschen, die Arme nach oben strecken und beim Rückwärtsgehen zum Ausgangsplatz allmählich wieder senken; Wiederholung von Teil B

◇◇

15 Reise in die Ferne

Was man nicht alles auf einer Reise sehen und erleben kann . . . Kaum in Kanada angekommen, sehen wir Holzfäller riesige Bäume fällen . . .
in China lassen wir uns gleich auf ein Ping-Pong-Spiel ein . . . das Lassowerfen zeigen uns die Cowboys in Amerika . . . in Spanien kommen wir noch gerade rechtzeitig zu einem Stierkampf. Stolz lockt der Matador den Stier mit seinem roten Tuch. Kampfbereit scharrt der Stier mit seinen Hufen . . . in Afrika angekommen hören wir schon von weitem das Trommeln. Sogleich trommeln wir mit . . . und schon stehen wir vor dem höchsten Berg der Erde, dem Himalaya. Um dort hinaufzugelangen, muß man sehr gut und lange klettern können . . . weniger anstrengend ist es im warmen Meer Italiens zu schwimmen . . . auf Mallorca schließlich sind sehr viele Touristen, die mit ihren Fotoapparaten alles knipsen, was ihnen begegnet . . .

aus Nordamerika
(Text: Autoren)

Reise in die Ferne

Musik „Skip to my Lou" (EP Kögler 58703), MC 90.004

Material ggf. einige lautmalerische Begleitinstrumente wie z. B. Klanghölzer, Guiro, Trommel, Stielkastagnetten u. a.

Aufstellung Handkreis

Tanzgestaltung

Vorspiel 8 Zählzeiten

(1) Kehrreim gehen in Tanzrichtung,
ggf. dabei singen (siehe nebenstehende Seite)

(2) Strophen jeweils ein Teilnehmer macht in der Kreismitte pantomimisch etwas aus einem Land in Form sich wiederholender Bewegungen vor, welche die anderen simultan mitvollziehen, zum Beispiel:

1. Holzfäller in Kanada
2. Ping-Pong spielen wir in China
3. Cowboys in Amerika
4. Stierkampf in Espania
5. Trommeln in West-Afrika
6. Klettern auf den Himalaya
7. Schwimmen in Italien
8. Touristen auf Mallorca

Variante als Singtanz (Melodie: trad. USA)
(siehe nebenstehend)

Instrumentalbegleitung

mit lautmalerischen Instrumenten werden die einzelnen Strophen begleitet, z. B. Bäume fällen mit Klanghölzern, Guiros; Stierkampf mit Stielkastagnetten u. a.

16 Mühlentanz

Die Ernte ist vorbei; das Korn ist eingefahren und zur Mühle gebracht. Langsam drehen sich die Mühlenflügel der alten Mühle im Wind. Der Müller ist zufrieden . . . lustig klingt es, wenn nun das Korn gemahlen wird . . .

Mühlentanz

Musik „Kreuztanz" (EP Fidulafon 1260), FC 83

Material ggf. 4 verschiedenartige Rhythmusinstrumente in Teilnehmerzahl

Aufstellung zu viert (ggf. auch zu zweit / dritt); die rechten Hände fassen einander in der Mitte; die linken Arme werden in die Höhe gehalten (Mühlenflügel)

Tanzgestaltung (in Anlehnung an trad. Polen)

Vorspiel 8 Zählzeiten

Teil A (langsam) mit 16 langsamen Schritten in Vierergruppen im Uhrzeigersinn gehen (Mühle)

Teil B (rhythmisch) innerhalb der Gruppen am Platz Handfassung lösen, einander zuwenden und hintereinander 3mal schnipsen, 3mal klatschen, 3mal auf Oberschenkel patschen, 3mal stampfen; diese Klanggestenfolge wird 4mal hintereinander der Musik entsprechend in zunehmendem Tempo durchgeführt

Varianten

- die Klanggesten werden durch tragbare Rhythmusinstrumente ersetzt, z. B.
  schnipsen = Klanghölzer;
  klatschen = Rasseln;
  patschen = Guiros;
  stampfen = Kuhglocken
- bei mindestens 4 Gruppen spielt jede Gruppe immer nur eine Instrumentenart, z. B. Gruppe 1: Klanghölzer,
  Gruppe 2: Rasseln, Gruppe 3/4: Guiros, Gruppe 5: Kuhglocken
- als **Sitztanz** im Kreis:
  Teil A: die Arme drehen sich als Mühlenflügel / -räder (einzeln oder auch mit Handfassung);
  Teil B: wie oben

17 Irischer Reigen

Musik „King of the fairies" (EP Dieter Balsies 88107), MC 90.004

Material ggf. Triangel / Zymbel / Becken;
ggf. ca. 2 x 2 m großes Papier, an Ecken abgerundet (=Teich),
mehrere Wachsmalstifte

Einstimmung jeder malt irgendetwas in den „Teich"

Aufstellung Handkreis; in der Kreismitte befindet sich der Teich, in welchem viele verschiedene Dinge / Tiere zu sehen sind . . .

Tanzgestaltung (in Anlehnung an Bernhard Wosien)

Teil	Zählzeiten	
Vorsp.	8	
A	32	Spaziergang um den Teich: langsam (1 Schritt pro 2 Zähleinheiten) in Tanzrichtung gehen
A'	8	Teich: mit 4 Schritten zur Kreismitte gehen, in den Teich schauen
	8	mit 4 Schritten rückwärts zurück
	16	Wiederholung
B	32	Wind: mit Schleifschritten in Tanzrichtung gehen, dabei linken Fuß vor- und hinterkreuzen; mit dem Mund Windgeräusche machen
C	32	Mond: der Gruppenleiter löst die rechte Hand (Kreisöffnung) und führt mit einer Kehrtwendung gegen Tanzrichtung die Tänzer halbmondförmig im Innenkreis bis zu den letzten beiden Tänzern, die die Hände zu einem Tor heben
B'	32	der Gruppenleiter führt die Tänzer nach Durchschreiten des Tores mit einer Kehrtwendung in Tanzrichtung im Außenkreis wieder zum geschlossenen Kreis zurück

Fortsetzung nebenstehend

C'	16	Sonnenaufgang: aus gebückter Haltung heraus zur Kreismitte gehen, dabei allmählich die Arme nach oben strecken,
	16	einen Schritt zurücktreten, die Arme auf die Schultern der Nachbarn legen, mit dem Körper hin- und herwiegen: links–rechts–links–rechts

Variante (nach Helle Pedersen)

C	32	Mondaufgang: am Platz langsam die Arme heben
B'	32	Monduntergang: . . . und wieder senken

Instrumentalbegleitung:

Triangel / Zymbel / Becken:
1 Schlag zu Beginn von Teil C' (Sonnenaufgang)

In einer hellen Vollmondnacht kommen die Elfen (wir) in einer Waldlichtung zusammen und gehen – Mond und Sterne anschauend – um einen kleinen Teich. Dann nähern sich die Elfen (wir uns) dem Teich und schauen hinein . . . was es darin alles zu sehen gibt . . .!

Ein leichter Wind kommt auf. Man hört das Rauschen der Bäume. Hinter einer Wolke schaut ein Viertel des Mondes hervor. Sobald die Wolke vorbeigezogen ist, leuchtet der Mond wieder in seiner vollen runden Größe. Der Morgen bricht an. Die Sonne geht auf. Sie streckt ihre wärmenden Strahlen aus. Sanft wiegen die Blumen auf der Wiese hin und her im Sonnenschein.

18 Erntetanz

Es ist Herbst. In den Weingärten schimmern die dunklen Trauben durch die zarten Blätter. Es ist Erntezeit. Alle Erntehelfer werden mit lautem Klatschen herbeigerufen. Fleißig wird eine Traube nach der anderen gepflückt, dabei immer von einer Stelle zur nächsten weiterrückend.

Nach dieser anstrengenden Arbeit wischen sich alle unter der noch heißen Sonne den Schweiß von der Stirn. Sodann trägt jeder seinen bis zum Rand gefüllten Korb zum Bauernhof. Unterwegs wird immer wieder eine kurze Pause eingelegt und der Schweiß von der Stirn gewischt.

Auf einem großen Sammelplatz leeren alle ihre Körbe. Die größte Arbeit ist getan und das Erntefest kann beginnen. Vergnügt tanzen alle Leute um die geernteten Trauben herum.

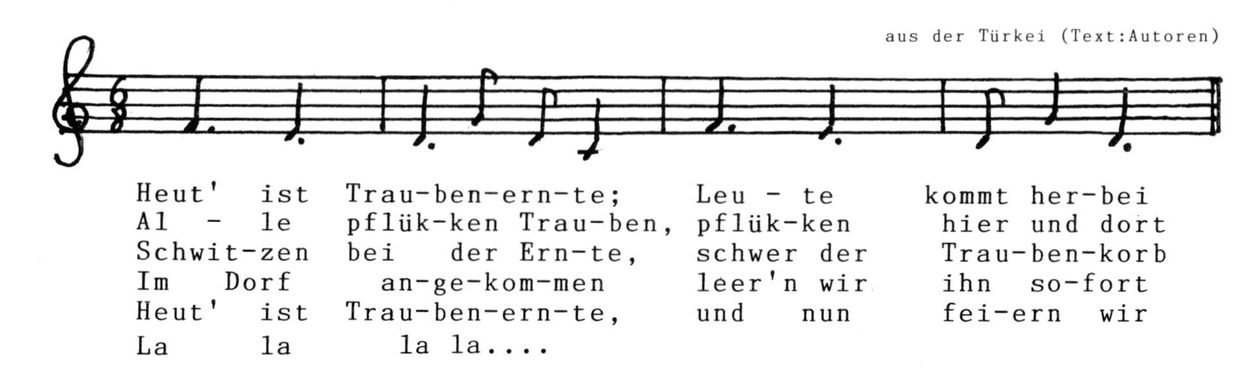

Erntetanz 18

Musik „Daglardan inirem” (LP Türkisch-deutsche Lieder” von I. Merkt, Wergo T 211 über Schott, Mainz), MC 90.004

Material ggf. Schellenbänder für Tänzer; Trommeln / Schellen für Instrumentalisten

Aufstellung einzeln auf Kreisbahn; Blick zur Kreismitte

Tanzgestaltung (in Anlehnung an Christiane Mondry)

Strophe	Takt (6/8)	
1–4 (4 x)	1	klatschen am Platz
	2	–
	3	klatschen am Platz
	4	–
5–8 (4 x)	1	mit rechts schnipsen („Obst pflücken”)
	2	mit links schnipsen
	3–4	2 Seitenstellschritte nach rechts
9–12 (4 x)	1	mit rechts pantomimisch Schweiß von der Stirn wischen
	2	ebenso mit links
	3–4	4 Gehschritte in Tanzrichtung, in gebückter Haltung pantomimisch einen schweren Korb tragen
13–15 (3 x)	1–2	am Platz nach rechts bücken („Korb abstellen”)
	2	aufrichten („Korb aufheben”)
	3	Hände nach vorn strecken („Korb leeren”)
	4	zur Ausgangsstellung zurück
16–19 (2 x)	1–4	mit Handfassung in Tanzrichtung hüpfen („Erntefest”)
(2 x)	1–4	ebenso gegen Tanzrichtung
20–23 (4 x)	1–4	wie Strophe 1–4

1 2 3 4

Instrumentalbegleitung: Trommeln / Schellen

19 Dracula-Rock

◇◇

Es ist Mitternacht. Noch ruhen alle Vampire in ihrem Sarg. Die Kirchturmuhr schlägt 12. Kaum ist der letzte Glockenschlag verklungen, als sogleich die knarrenden Geräusche sich öffnender Särge zu hören sind. Ein Vampir nach dem anderen steigt aus seinem Sarg, reckt und streckt sich nach allen Seiten . . . bis schließlich alle Vampire im Kreis zusammenstehen.

Nun kann der wilde Rock'n Roll von Dracula und den anderen Vampiren beginnen . . .

Etwas erschöpft vom Tanzen und inzwischen hungrig geworden, schleichen sie nun einzeln, ihr Blutwurstbrot schmatzend, über den Friedhof. Wie schnell doch die Nacht vorübergeht, höchste Zeit in den Sarg zurückzukehren! Alle Vampire kommen wieder im Kreis zusammen und gehen tanzend zurück zu ihrem Sarg. Gerade noch vor Sonnenaufgang lassen sich die Vampire mit einem lauten "huuuuh" in den Sarg fallen.

◇◇

Dracula-Rock

Musik „Dracula-Rock" (LP „Der Friedensmaler" von F. Vahle, Pläne 88311), MC 90.004

Material Gong / Becken; Waldteufel / Guiro

Aufstellung Tänzer liegen sternförmig mit Füßen zur Kreismitte auf dem Rücken

Tanzgestaltung (in Anlehnung an Christiane Freitag)

Einstimmung — 12 Schläge auf dem Gong / Becken („Mitternacht"); dann erhebt sich einer nach dem anderen („steht als Vampir aus seinem Sarg auf, dessen Öffnen lautmalerisch mit Waldteufel / Guiro begleitet wird; nachdem alle im Kreis stehen, wird die Musik eingeschaltet

1. Strophe — 3 Schritte in Tanzrichtung, dann unbelasteten Fuß vor dem Standbein in die Luft kicken;
ebenso gegen Tanzrichtung:
„rechts–links–rechts–kick links–rechts–links–kick"
(3 Durchgänge, 2 Schritte pro Takt)

2. Strophe — 3 Schritte zur Kreismitte, dann unbelastetes Bein anziehen, dabei mit dem Körper nach hinten beugen und die Arme hochwerfen;
ebenso rückwärts zum Ausgangsplatz:
„rechts–links–rechts–hoch links–rechts–links–hoch" (3 Durchgänge)

3. Strophe — wie 1. Strophe

4. Strophe — Mühle zu zweit / dritt oder
Rock'n Roll paarweise improvisiert

5. Strophe (verlangsamt) — frei durch den Raum schleichen
(„Vampire schleichen über den Friedhof")

6. Strophe — in den Kreis zurückkommen, in Tanzrichtung gehen;
abschließend, laut „huh" rufend, sich in Rückenlage fallen lassen
(„zurück in den Sarg")

20 Maori-Song

Musik „Maori-Song" aus „Laßt uns zusammen im Kreis rumgehn"
(MC 1, Worpsweder Musikwerkstatt,
M & W Jehn, Am Hasenmoor 23, 2862 Worpswede)
oder als Singtanz

Aufstellung einzeln auf Kreisbahn, Blick zur Kreismitte

Tanzgestaltung (in Anlehnung an Christiane Heinrich u. a.)

Takt 1–2 4 langsame, leicht tänzerische Schritte zur Kreismitte, mit rechts beginnend; unmittelbar nach dem letzten Schritt mit nach oben gestreckten Armen schnipsen *

Takt 3–4 wie oben rückwärts zum Ausgangsplatz zurück

Takt 5–6 3 langsame Schritte mit rechts beginnend in Tanzrichtung (re–li–re) mit durchgefaßten Händen; 2 Laufschritte auf „tuki–tuki" (li–re)

Takt 7–8 mit einem Schritt in Tanzrichtung wird das Gewicht auf den linken Fuß verlagert; nun folgen wieder zwei Laufschritte (re–li) auf „tuki tuki"; abschließend wird der rechte Fuß beigestellt

2. Durchgang Takt 1–4 mit Seitenstellschritten zur Kreismitte und zurück, dabei Blick in Tanzrichtung

3. Durchgang Takt 1–4 rückwärts gehend zur Kreismitte und vorwärts an den Ausgangsplatz zurück

Varianten: bei „tuki tuki" in die Hocke gehen / mit Hüfte wackeln

(aus Neuseeland)

Arrival

Musik „Arrival" (LP „Music Wonderland" von Mike Oldfield, Virgin 204000-502) MC 90.004

Material ggf. Trommel, Schellenring

Aufstellung paarweise auf Kreisbahn gegenüberstehend, ohne Handfassung;
Hände auf Hüfte gestützt;
Tänzer A mit Blick nach außen (Innenkreis),
Tänzer B mit Blick zur Kreismitte (Außenkreis)

Tanzgestaltung (Folge: A A' B A" [4 x] B A A' – ohne Vorspiel)

Teil	Zählzeiten	
A	16	8 Seitstellschritte nach rechts auf Kreisbahn: rechts–ran–rechts–ran . . .
A'	16	8 Seitstellschritte gegengleich
B	16	mit gegenüberstehendem Partner zweimal Handtour rechts herum (rechte Hände sind gefaßt), zum Ausgangsplatz wieder zurück
A"	16	4 Anstellschritte rückwärts, dann mit 4 Anstellschritten vorwärts schräg nach rechts zum nächsten Partner
	4	neuen Partner mit zweimaligem Aneinanderklatschen der Hände begrüßen (beim 4. Durchgang entfällt dieser „Klatsch"-Teil)

Instrumentalbegleitung

Teil A: Trommel
Teil B: Schellenring

22 In dulci jubilo

Musik „In dulci jubilo" (LP „Music Wonderland" von Mike Oldfield, Virgin 204000-502), MC 90.004

Material eventuell einige rhythmische Begleitinstrumente

Aufstellung einzeln frei im Raum verteilt; insgesamt 4, 8, 12, 16 . . . Tänzer; die anderen begleiten, am Rand sitzend, mit Rhythmusinstrumenten

Tanzgestaltung (nach Christiane Heinrich u. a.)

Vorspiel	8 Zählzeiten
1 (Takt 1–16) (= 32 Zählzeiten)	allein durch den Raum
2	Partner/in finden, dann eingehakt in und gegen Uhrzeigersinn hüpfen
3	zu zweit mit Handfassung durch den Raum gehen
4	mit einem anderen Paar einen Viererkreis bilden, in und gegen Tanzrichtung hüpfen
5	Kreis öffnen und als Schlange durch den Raum hüpfen
6	alle Tänzer/innen bilden einen gemeinsamen großen Kreis und hüpfen zunächst in, dann gegen Tanzrichtung
7	zweimal mit jeweils 8 Schritten in die Kreismitte und zurück gehen (bei kleinen Kreisen 4 x mit 4 Schritten)
8	in die Kreismitte mit 8 (bzw. 4) Schritten gehen, die linke Hand auf die rechte Schulter des vorderen Tänzers legen, die rechte Hand auf die eigene Hüfte gestützt in Tanzrichtung gehen
9	in Kreishandfassung mit Blick nach außen in Tanzrichtung hüpfen
10	alle im Raum Sitzenden (Instrumentalisten oder auch Zuschauer) werden in den Kreis geholt, der in Tanzrichtung hüpft der Kreis wird an einer Stelle geöffnet und als Schlange durch den (oder aus dem) Raum geführt

Instrumentalbegleitung

nach jeweils 2 Durchgängen begleitet ein zusätzliches Rhythmusinstrument

Portsmouth

Musik „Portsmouth" (LP „Music Wonderland" von Mike Oldfield, LP Virgin 204000-502), MC 90.004

Material ggf. Trommeln / Schellen / Rasseln / Klanghölzer . . .

Aufstellung Handkreis, paarweise Zuordnung

Tanzgestaltung

	Zählzeiten	
A	16	gehen in Tanzrichtung
	16	gehen gegen Tanzrichtung
B	16	Paare drehen am Platz mit rechten Handflächen gefaßt
	16	Paardrehung mit linker Hand gefaßt
A	16	Seitgalopp durchgefaßt in Tanzrichtung
	16	Seitgalopp durchgefaßt gegen Tanzrichtung
B	16	paarweise Mühle links herum im Hüpfschritt (Arme über Kreuz)
	16	paarweise Mühle rechts herum im Hüpfschritt
A	16	im Hüpfschritt in Tanzrichtung, Hände gefaßt
	16	im Hüpfschritt gegen Tanzrichtung
B	16	der Gruppenleiter läßt die linke Hand aus und führt den so geöffneten Kreis im Hüpfschritt durch den Raum und dann übergehend zur
	16	Schnecke

Instrumentalbegleitung

nach jedem Teil oder Durchgang (2 Teile) begleitet ein zusätzliches Rhythmusinstrument wie Trommel, Schellen, Rassel, Klanghölzer . . .

Variante Teil A: Trommel
Teil B: Schellenring

24 Blue Peter

◇◇

Musik „Blue Peter" (LP „Music Wonderland" von Mike Oldfield, Virgin 204000-502), MC 90.004

Material ggf. Trommel, Klanghölzer / Schellenring

Aufstellung Handkreis, Blick in Tanzrichtung

Tanzgestaltung (Folge: A B C A B C D A B D)

Teil	Zählzeiten	
Vorsp.	32	
A	4 x 8	in Tanzrichtung 4 x die Schrittfolge: 2 Schritte (= 4 Zählzeiten), 3 Laufschritte (auf 4 Zählzeiten): lang – lang – kurz – kurz – kurz und lang . . . rechts – links – rechts – links – rechts; links . . .
B	4 x 8	dieselbe Schrittfolge, wieder 4 x, jedoch zur Kreismitte (dort „tschik" rufen) und rückwärts zum Ausgangsplatz zurück („tschak")
C	8 x 8	mit derselben Schrittfolge (8 x) einzeln frei im Raum bewegen; jeweils am Ende einer Schrittfolge „tschik", nach der nächsten „tschak" usw. rufen, dabei mit Fingern schnipsen, abwechselnd rechts bei „tschik" und links bei „tschak"
D		ohne Handfassung auf Kreisbahn am Platz:
	4	ein Seitstellschritt nach rechts (rechts-ran)
	4	rechten Fuß nach rechts, linken Fuß vor rechten in die Luft „kicken", dabei mit rechts schnipsen und „tschik" rufen
	8	gegengleich (mit links „tschak")
	16	Wiederholung in beide Richtungen

Instrumentalbegleitung

Trommel zum Schrittrhythmus: lang – lang – kurz–kurz–kurz . . .

Klanghölzer / Schellenring auf „tschik" / „tschak" mit jeweils 1 Schlag spielen

◇◇

Kosakentanz

Musik „Korobushka" (LP Volkstänze B1, Kallmeyer 7621 / Kögler 23019), MC 90.004

Material ggf. Trommel

Aufstellung einzeln auf der Kreisbahn mit verschränkten, in Schulterhöhe gehaltenen Armen, Blick zur Kreismitte

Tanzgestaltung

Kurzes Vorspiel

Teil	Zählzeiten	
A	3	3 Laufschritte zur Kreismitte (re–li–re)
	1	Hüpfer auf rechtem Fuß
	3	3 Laufschritte rückwärts zurück (li–re–li)
	1	Hüpfer auf linken Fuß
	4	wie oben vorwärts zur Kreismitte
	4	mit 3 Stampfschritten rückwärts gehen
B	2	Seitanstellschritt in Tanzrichtung: rechter Fuß nach rechts, linker Fuß stellt an
	2	rechter Fuß nach rechts, linker Fuß wird vorn diagonal über den rechten Fuß „gekickt"; auf „kick" wird geklatscht (Zusammenfassung: rechts–an–rechts–kick klatsch)
	4	Wiederholung gegen Tanzrichtung: links–an–links–kick klatsch
	4	Wiederholung in Tanzrichtung: rechts–an–rechts–kick klatsch
	4	3 Stampfschritte am Platz
B'	16	Wiederholung von Teil B

Instrumentalbegleitung

die Stampfschritte werden mit Trommelschlägen begleitet

Variante A paarweise mit Handfassung auf Kreisbahn einander gegenüberstehend. Innenkreispartner beginnt vorwärts, der andere rückwärts …

B anstelle der Stampfschritte mit neuem Partner Hände aneinanderklatschen; sonst wie oben

26 Gespenstertanz

◇◇

Musik bewegungsstimulierende, „schwebende" Musik,
z. B. „Behind the garden" von Andreas Vollenweider (LP – CBS 8545),
MC 90.004

Material
- tragbare Geräusch-, Effekt-, Rhythmusinstrumente in Teilnehmerzahl
- Chiffontücher oder weiße Bettlaken mit „Augenlöchern" / durchsichtige weiße Tücher in Teilnehmerzahl
- eine Triangel

Aufstellung am Rand sitzend, jeweils mit einem Instrument; falls der Tanz ohne Bettlaken / weiße Tücher durchgeführt wird, liegen Chiffontücher in der Raummitte

Tanzgestaltung

1 Mit einsetzender Musik bewegt sich ein Teilnehmer mit seinem Instrument als Gespenst frei im Raum. Sobald die Musik stoppt, erstarrt das „Gespenst" kurze Zeit. Dann macht es mit seinem Instrument „Gespenstergeräusche" und lockt pantomimisch einen noch sitzenden Teilnehmer zu sich. Mit erneut einsetzender Musik bewegen sich nun beide im Raum. Jeweils der zuletz hinzukommende bestimmt den nächsten Tänzer usw. bis alle sich im Raum als Gespenster bewegen.

2 Beim nächsten Stopp kommen alle Teilnehmer in der Raummitte zusammen, legen ihre Instrumente ab (und tauschen diese mit Chiffontüchern aus, sofern der Tanz ohne Bettlaken / weiße Tücher durchgeführt wird).

3 Ein (vorher vereinbarter) Teilnehmer führt die Gruppe nun in einer Schlange durch den Raum mit einem gleichbleibenden Bewegungsmotiv, das die anderen simultan mitvollziehen. Wenn die Musik stoppt, geht der Anführende ans Schlangenende und der nächste führt mit einer neuen Bewegungsfolge die Gruppe an usw. Die Bewegungsmotive können auch am Platz durchgeführt werden.

Fortsetzung nebenstehend

◇◇

4 Wenn die Musik allmählich ausgeblendet wird, kommen alle wieder dicht gedrängt in der Raummitte zusammen, verharren dort bewegungslos und laufen auf ein Klangsignal hin (z. B. Triangel) mit einem lauten „huh!"-Ruf auseinander

Variante

- die Instrumentalgeräusche werden von nicht mittanzenden Teinehmern gemacht
- die Instrumentalgeräusche werden durch Stimmgeräusche ersetzt
- das Stoppen der Musik wird durch ein Klangsignal, z. B. Triangelschlag, ersetzt
- als thematische Variante „Roboter-Tanz" läßt sich eine ähnliche Tanzgestaltung mit entsprechend stärker rhythmisierter Musik, z. B. Break-Dance, durchführen

Mitten in der Nacht taucht das erste Gespenst auf. Plötzlich bleibt es wie erstarrt stehen; dann lockt es mit einem eigenartigen Geräusch ein zweites Gespenst herbei . . . Bald schon sind alle Gespenster da. Sie kommen – dicht gedrängt – zusammen und überlegen, wie und wo sie ihren Gespensterspuk ausführen können. Das erste Gespenst nun führt die anderen Gespenster mit immer gleichbleibenden Gespensterbewegungen in die Stadt; nach einer Weile folgen alle dem zweiten Gespenst, das sich ganz anders bewegt. Alle anderen Gespenster machen die Bewegungen nach. Bald aber ist die Gespensterstunde vorbei. Die Gespenster kommen wieder dicht gedrängt zusammen und verabschieden sich mit einem lauten "Huh" voneinander, um dann wieder in ihr Gespensterzuhause zu laufen.

27 Hochzeitsvorbereitungstanz

Eine große Hochzeit steht bevor. Das ganze Dorf freut sich darauf und hilft bei den Vorbereitungen. Vor jeder Haustür wird mit dem Besen gekehrt. Auch die vier Dorfstraßen fegen die Leute sauber. Für ein großes Fest muß es genug zu essen geben. So backen alle Dorfbewohner riesige Brote, für die der Teig gut durchgeknetet wird. Nun sind die Teppiche zum Ausklopfen an der Reihe. Schließlich werden die Türvorleger kräftig ausgeschüttelt und die Schuhe saubergestampft, damit nicht wieder neuer Dreck ins Haus getragen wird. Das ganze Dorf ist sauber, jedes Haus, jede Straße; das Hochzeitsbrot ist fertig, und das Hochzeitsfest kann beginnen.

Hochzeitsvorbereitungstanz

Musik „De Strigat" (LP 18 Internationale Volkstänze A 5, Kallmeyer 7616), MC 90.004

Material ggf. Guiro, Rassel, Schellenring; Chiffontücher

Aufstellung einzeln auf Kreisbahn, Blick zur Kreismitte

Tanzgestaltung (in Anlehnung an trad. Rumänien)

Vorspiel (instrumental) vor der Haustür wird für ein großes Hochzeitsfest mit dem Besen gekehrt: pantomimisches Kehren mit einem imaginären Besen am Platz

Teil 1 die Dorfstraße wird für das Fest gekehrt: gehen in Tanzrichtung, dabei pantomimisch wie oben das Kehren darstellen

Teil 1' ein großes Brot wird für das Fest gebacken: weiter in Tanzrichtung gehen, dabei mit leicht nach vorn gestreckten Armen und ausgestreckten Händen pantomimisch den Brotteig kneten

Teil 2 die Teppiche werden für das Fest sauber geklopft: mit 3 Gehschritten zur Kreismitte, zweimal kurz hintereinander klatschen, dann ebenso zurück und wieder klatschen; beides wird wiederholt

Teil 3 die Türvorleger werden für das Fest gesäubert: am Platz stampfend („der Dreck wird von den Schuhen abgeschüttelt") wird pantomimisch die Fußmatte vor der Haustür ausgeschüttelt

Instrumentalbegleitung

die einzelnen Teile können auch wie folgt begleitet werden:
Teil 1: Guiro; Teil 1': Rassel (rührende Bewegungen)
Teil 3: Schellenring

Darstellende Begleitung

bei Teil 1 kann z. B. ein nicht mittanzender Teilnehmer den „kehrenden Leuten auf der Straße" mit einem Tuch zuwinken

28 El Carnavalito

Musik	„El Carnavalito" (EP „Argentinische Tänze", Calig 17712), MC 90.004
Material	ggf. 3 verschiedenartige Rhythmusinstrumente
Aufstellung	paarweise nebeneinander auf der Kreisbahn

Tanzgestaltung (nach Amrhein u. a.: Hessisches Institut für Lehrerfortbildung. Handreichungen Musik, Heft 36)

Teil	Zählzeit	
Einleitg.	4	
Vorspiel	36	am Platz klatschen (klatsch–klatsch–Pau–se . . .)
A	8	mit kleinen Laufschritten in Kreuzhandfassung (rechte Hand faßt rechte Hand, linke Hand faßt linke Hand) in Tanzrichtung
A'	8	Kehrtwendung (Tänzerin bleibt außen, Tänzer innen; die gestreckten Arme werden angewinkelt, die angewinkelten Arme werden gestreckt) gegen Tanzrichtung
B	8	paarweise rechts eingehakt, rechts herum mit kleinen Laufschritten
B'	8	gegengleich links
C	6	6 Hüpfer zur Kreismitte
C'	6	6 Hüpfer zurück
B / B'	16	wie oben
A / A'	16	wie oben
B / B'	16	wie oben

Fortsetzung nebenstehend

Teil	Zählzeit	
Zwischen-spiel	20	die Tänzer bleiben mit Blick zur Kreismitte stehen und klatschen (siehe Vorspiel), während die Tänzerinnen außen in Tanzrichtung herumgehen und am Ende des Teils bei einem anderen Tänzer stehen
A / A'	16	wie oben
B / B'	16	wie oben
C / C'	12	wie oben
B / B'	16	wie oben
A / A'	16	wie oben
B / B'	16	wie oben
Nachspiel	12	wie Vorspiel

Instrumentalbegleitung

jeder Teil (A, B, C) wird von einem anderen Rhythmusinstrument begleitet, z. B. Klanghölzer, Schellen, Rassel

29 Lichtertanz

◇◇◇

Musik langsame, tragende klassische oder meditative Musik, z. B. „Largo" aus dem Konzert für zwei Violinen, Laute und Basso continuo D-Dur von Antonio Vivaldi, FC 83, MC 90.004

Material 2 Gläser mit Kerze / Teeleuchte pro Teilnehmer;
Variante: 2 Chiffontücher pro Teilnehmer

Aufstellung hintereinander in einer Reihe, in jeder seitlich leicht ausgestreckten Hand ein Glas mit Kerze

Tanzgestaltung

1 mit langsamen, getragenen Schritten in den Raum hineingehen, allmählich einen Kreis bilden und stehen bleiben

2 ein vorher vereinbarter Teilnehmer stellt sich in der Kreismitte auf, nickt einem anderen zu, der nun selbst in die Kreismitte geht und mit dem dortigen Teilnehmer den Platz tauscht;
je nach Länge der Musik ist die Anzahl der Durchgänge vorher festzulegen

3 der zuletzt in der Kreismitte stehende Teilnehmer geht in den Kreis zurück und macht mit seinen Kerzen eine langsame Bewegungsfolge vor, die von den anderen simultan mitvollzogen wird;
bevor der nächste, z. B. durch Zunicken oder vorherige Vereinbarung bestimmte Teilnehmer mit einer neuen Bewegungsfolge an die Reihe kommt,

4 gehen alle in die Kreismitte, wo die Kerzen hochgehalten und beim Rückweg zum Ausgangsplatz wieder gesenkt werden

Beispiele für Bewegungsimprovisationen:
- Kerzen vor sich auf den Boden stellen, wieder aufheben;
- Windmühlenflügel;
- 1 Kerze hochhalten, am Platz drehen
- Arme heben, senken u. a.

Fortsetzung nebenstehend

◇◇◇

5 der zuletzt an die Reihe kommende Teilnehmer hält seine Kerzengläser mit leicht gehobenen und angewinkelten Armen an die seiner beiden Nachbarn; die anderen tun dies entsprechend, so daß ein „Lichterstern" entsteht. Der Kreis bewegt sich nun langsam in Tanzrichtung und

6 wird dann an einer Stelle geöffnet. Hintereinandergehend verlassen die Teilnehmer den Raum.

Variante: anstelle der Kerzen werden Chiffontücher eingesetzt

30 Kerzentanz

◇◇

Musik	„Erev Ba" (LP 20 Internationale Volkstänze B1, Kallmeyer 7621), MC 90.004
Material	2 Glasbehälter mit Kerze / Teeleuchte pro Teilnehmer; ggf. Chiffontücher; Triangel
Aufstellung	einzeln auf Kreisbahn mit Kerzen, Arme leicht seitlich ausgebreitet, Blick zur Kreismitte

Tanzgestaltung (in Anlehnung an trad. Israel)

Teil	Zählzeiten	
Vorspiel	16	siehe Aufstellung
A	16	mit langsamen getragenen Schritten in Tanzrichtung gehen
A'	16	halbe Rechtsdrehung, gegen Tanzrichtung gehen
B	8	ganze Rechtsdrehung am Platz
	8	ganze Linksdrehung am Platz
C	16	zur Kreismitte gehen, dabei Arme in Bodennähe führen und rückwärts zur Grundstellung am Ausgangsplatz zurück; beim 3. Durchgang werden die Kerzen in der Kreismitte auf den Boden gestellt; die Teilnehmer gehen 1–2 Schritte zurück, fassen sich an den Schultern und schauen auf die Kerzen; abschließend wird in freier Reihenfolge eine Kerze nach der anderen ausgeblasen

Variante anstelle der Kerzen treten Chiffontücher, die zum Schluß in die Höhe geworfen werden

Instrumentalbegleitung

die einzelnen Teile werden jeweils mit einem Triangelschlag eingeleitet

◇◇